Mon souvenir de Gladstone

Goldwin Smith

Writat

Cette édition parue en 2024

ISBN : 9789359946207

Publié par
Writat
email : info@writat.com

Contenu

MA MÉMOIRE DE GLADSTONE ....- 1 -
NOTES DE BAS ....- 24 -

MA MÉMOIRE DE GLADSTONE

Depuis la parution des premiers volumes de l'Histoire de Macaulay , il n'y a pas eu d'événement tel dans le monde de l'édition que la parution d'une Vie de Gladstone de M. Morley. Les attentes du public n'ont pas non plus été déçues.

Bien que j'aie beaucoup vu Gladstone, tant sur le plan commercial que social, je ne l'ai jamais été et je n'aurais pu l'être, comme M. Morley, son collègue et associé de ses avocats. En revanche, je vivais dans la plus grande intimité avec des hommes qui étaient ses associés dans la vie publique et je le voyais à travers leurs yeux.

Cet homme était un être merveilleux, physiquement et mentalement, la partie mentale étant bien soutenue par la partie physique. Sa forme exprimait l'énergie nerveuse dont elle était surchargée . Son œil était intensément brillant, même si dans le reste du visage il n'y avait rien de spécialement révélateur de génie. Sa force physique et mentale était telle qu'il pouvait parler plus de quatre heures d'affilée, et avec une vigueur et une fraîcheur si soutenues que George Venables , critique extrêmement pointilleux et pas trop amical, après l'avoir entendu pendant quatre heures, et sur un sujet financier, aurait souhaité pouvoir continuer pendant quatre heures de plus. Ses capacités de travail étaient énormes. Il m'a appelé un jour pour l'aider à régler les détails d'un projet de loi universitaire. Il m'a dit qu'il avait veillé sur le projet de loi tard dans la nuit. Nous y avons travaillé ensemble de dix heures du matin à six heures de l'après-midi, économisant une heure et demie qu'il a passée au Conseil privé, me laissant avec le projet de loi. Lorsque nous nous séparâmes, il descendit à la Chambre, où il parla le lendemain à une heure du matin. Outre sa montagne d'affaires, il était un écrivain volumineux sur des sujets autres que politiques et faisait de nombreuses lectures diverses. Comme preuve de ses capacités d'acquisition, il acquit une maîtrise si parfaite de la langue italienne qu'il fut capable de prononcer un long discours dans lequel le professeur Villari ne put déceler que deux erreurs, et ces simples usages d'un langage poétique au lieu de l'ordinaire. mot.

Comme Pitt, Gladstone était un dormeur de premier ordre. Au moment où il s'était exposé à de grandes injures et à de violentes attaques par sa sécession du gouvernement de Palmerston, en pleine guerre de Crimée, un de ses amis intimes me parlait de lui comme étant dans un état d'excitation si extrême qu'il il n'aimait guère s'approcher de lui. Le lendemain, j'avais affaire avec lui. Il sortit de la pièce pour chercher une lettre, me laissant avec Mme Gladstone, à qui je dis que je craignais qu'il ne soit durement éprouvé par les attaques. Elle répondit que oui, mais qu'il reviendrait du débat le plus excitant et s'endormirait aussitôt. Une mauvaise nuit, dit-elle , si jamais il en avait une, ça le bouleverserait. Mais c'était très rare. Il raconte ses bonnes et ses mauvaises nuits , montrant à quel point il ressentait la nécessité d'un sommeil réparateur. Dans son extrême vieillesse, il faisait de longues promenades, abattait des arbres, conversait avec une vivacité sans faille et semblait être le dernier de la soirée à vouloir se coucher. En même temps, il faisait beaucoup de travail.

Le héros aimait s'attarder sur son origine écossaise. Son domicile, cependant, était Liverpool, et son père était propriétaire antillais et propriétaire d'esclaves ; circonstance peut-être non totalement sans influence sur un ou deux passages de sa vie. À son astuce écossaise et à son aptitude pour les affaires, Eton et Oxford ont ajouté la plus haute culture anglaise. Eton, à cette époque, ne lui enseignait que des classiques. Mais il y avait beaucoup d'intérêt pour les affaires publiques parmi les garçons, dont beaucoup étaient des descendants de maisons politiques. Il y avait un club de débat animé, appelé « Pop », dont Gladstone était la star. À Oxford, il a ajouté les mathématiques aux classiques, remportant les plus hautes distinctions dans les deux domaines. Là aussi, il était la star du club de débat. C'était une belle époque pour les débatteurs en herbe, car c'était l'époque de la grande lutte autour du projet de réforme. Gladstone a pris la tête du parti conservateur avec véhémence et gloire. Le résultat fut que son collègue, Lord Lincoln, le présenta comme une recrue des plus prometteuses à son père, le vieux duc de Newcastle, le plus haut des conservateurs, et Gladstone fut élu au Parlement de Newark, un arrondissement sous l'influence du duc. J'ai été autorisé à lire la correspondance, et il n'y a rien de désobligeant à l'indépendance du jeune homme.

Oxford était le cœur du clerc ainsi que du torysme, et l'avancée du libéralisme menaçait l'Église d'État anglicane ainsi que l'oligarchie des boroughs pourris. Le mouvement tractarien de réaction sacerdotale était déjà en marche. Gladstone s'imprégna de l'esprit ecclésiastique et politique du lieu et noua une amitié durable avec les auteurs du mouvement médiévaux . Il publia une défense de l'Église d'État anglicane qui, comme nous le savons, fut terriblement démantelée par Macaulay. Le Reviewer termine cependant par une défense des établissements religieux vraiment plus faible que tout ce qui existe à Gladstone. L'État, selon Macaulay, bien que la religion ne soit pas son affaire propre, dispose d'un certain temps et d'une certaine énergie qu'il peut utilement consacrer à la réglementation de la religion.

Gladstone s'est progressivement débarrassé de son establishmentrisme extrême. Il en vint finalement à supprimer l'Église en Irlande et à s'engager en faveur de la suppression au Pays de Galles. Mais il restait fermement attaché à l'Église d'Angleterre, entouré d'amis de la Haute Église, qui étaient en réalité plus proches de son cœur que quiconque, profondément, voire passionnément, intéressés par toutes leurs questions, et à leurs côtés un écrivain assidu. Il était soupçonné d'être papiste. Il n'était certainement pas papiste. Personne ne pourrait être plus opposé à l'usurpation papale. Sa sympathie particulière allait aux catholiques anti-papals et anti- infaillibles , tels que Döllinger et Lord Acton. Sa foi religieuse était simple et profonde ; si simple qu'il a continué, en cette époque sceptique, à croire à l'inspiration plénière de la Bible et au récit mosaïque de la Création. Il garda une foi inébranlable en la Providence et en l'efficacité de la prière. Cela apparaît constamment et clairement dans ses méditations. En même temps, il est devenu tolérant à l'égard du libre examen en tant que quête consciencieuse de la vérité. De nombreux non-conformistes, en particulier les dirigeants, malgré son anglicanisme et ses penchants présumés pour Rome, étaient attirés par lui pour de larges raisons de sympathie religieuse et lui apportèrent leur soutien politique. Lord Salisbury l'a qualifié de « grand chrétien ». Il n'aurait pas pu être décrit avec plus de précision . Il avait pensé à entrer dans l'Ordre. Il en avait été heureusement dissuadé, mais il semble avoir aimé officier de manière semi-cléricale en lisant les leçons de l'église de Hawarden.

Le zèle de Gladstone au service de sa nation et de l'humanité, sa loyauté envers le droit et sa haine de la tyrannie et de l'injustice, ainsi que son industrie consciencieuse, ont été soutenus par des influences spirituelles, et le christianisme a le droit de faire appel à son caractère pour le soutenir, et non pour ses dogmes. , mais de ses principes.

La première étape vers l'émancipation de l'esclavage de la théorie de l'Église d'État était curieuse et caractéristique. Peel, dans le gouvernement duquel se trouvait alors Gladstone, proposa une augmentation de la subvention à Maynooth . Gladstone a rendu hommage au principe de « l'Église dans ses relations avec l'État » en démissionnant de ses fonctions. Puis, estimant que l'autre principe avait prévalu, il vota la subvention et retourna au gouvernement. On voit ainsi comment l'idée d'une certaine tortuosité s'est liée à sa carrière. Des ennemis acharnés l'ont même accusé de duplicité. Il avait l'habitude, dont son biographe semble être conscient, de laisser ses propos ouverts à une double construction, conséquence peut-être de la conscience que son esprit était en mouvement et que sa position pouvait être modifiée. Il avait également une répugnance à s'approprier le changement et une habitude de mettre son imagination rétroactive à l'œuvre pour prouver qu'il n'y avait pas d'incohérence, ce qui avait un effet néfaste, surtout dans le cas de sa soudaine coalition avec Parnell.

La valeur de la recrue fut immédiatement reconnue et la porte du poste lui fut aussitôt ouverte par Peel, qui était toujours à l' affût des promesses de la jeunesse et s'efforça, peut-être plus que tout autre premier ministre, de former une succession d'hommes d'État pour le pays. Bien qu'il soit lui-même le moins excentrique de l'humanité, Peel a montré dans plus d'un cas qu'il pouvait ignorer une touche d'excentricité là où il y avait un réel mérite et un véritable travail. Décidé, en tant que vice-président du Board of Trade, à traiter d'un sujet entièrement nouveau pour lui, Gladstone justifia immédiatement la confiance et le discernement de Peel. Peut-être que cette fonction avait été choisie pour lui parce que son excentricité n'avait aucun rôle à jouer. Il servit admirablement Peel et fut parfaitement fidèle à son chef. Mais , d'après ce que je lui ai entendu dire, je doute plutôt qu'il aimait beaucoup Peel. Peel détestait les Tractaires ; les Tractaires détestaient Peel ; et certains des Tractariens étaient les hommes les plus proches du cœur de Gladstone.

Le gouvernement de Peel ayant été renversé sur la question des Corn Laws par une combinaison que le duc de Wellington caractérisait avec une franchise militaire, de protectionnistes conservateurs, de whigs, de radicaux et de nationalistes irlandais, le tout sous influence sémitique, son chef, pour le court reste. de sa vie, se tenait à l'écart de la mêlée des partis, n'encourageant aucune nouvelle combinaison et se contentant de veiller à la sécurité de sa grande réforme fiscale ; cependant, comme le dit Greville , si le poste de Premier ministre avait été mis aux voix, Peel aurait été élu à une majorité écrasante. Ses partisans personnels, les Peelites comme on les appelait , Graham, Gladstone, Lincoln, Cardwell, Sidney Herbert et les autres, restèrent suspendus entre les deux grands partis. Lorsque Disraeli eut abandonné la protection, comme il avait l'intention de le faire dès le début, la seule barrière de principe entre les Peelites et les conservateurs fut supprimée . Des ouvertures furent faites par le chef conservateur , Lord Derby, à Gladstone, dont l'immense valeur en tant que financier était bien établie, et l'opinion commune était que Gladstone aurait accepté si Disraeli n'avait pas gêné son chemin. Mais Disraeli, bien qu'il ait proposé de renoncer à ses prétentions, était sur le chemin, et le résultat fut que les Peelites , Gladstone à leur tête, s'unirent aux Whigs et contribuèrent à former le gouvernement de coalition de Lord Aberdeen.

M. Morley a dit avec raison qu'une impulsion dans la direction libérale fut donnée à l'esprit de Gladstone par la croisade à laquelle son humanité le poussa contre les iniquités et les cruautés du gouvernement Bourbon à Naples. Même si ce n'était pas le sentiment révolutionnaire mais le zèle pour la justice et la haine de l'iniquité qui l'animaient, son cœur ne pouvait se fermer aux acclamations bruyantes et passionnées des Mazziniens et de tous ceux qui luttaient contre les traditions de la Sainte-Alliance en Europe, alors que tous les puissances de réaction, politiques ou ecclésiastiques, le dénoncèrent, et même le bon Lord Aberdeen se répugna devant tout ce qui semblait encourager la révolution ou laisser entendre que les traités de Vienne étaient caducs. Les lettres célèbres firent frémir l'Europe et firent trembler sur leurs trônes toutes les puissances de la tyrannie et de l'iniquité. Rarement, voire jamais, un manifeste privé n'a eu un tel effet. Combiné avec l'humanité et le zèle pour la droiture, Gladstone avait dans le cœur un fort sentiment en faveur de la nationalité, qu'il montra en promouvant, comme il le fit, l'émancipation des îles Ioniennes et leur union avec la Grèce.

Une fois lancé dans une carrière, Gladstone était sûr de s'imprégner de tout l'esprit du mouvement et d'ouvrir la voie. Son libéralisme dépassait actuellement celui des Whigs. En tant que sécessionniste le plus visible du camp conservateur, il devint l'objet particulier de l'antipathie du Carlton Club, qui aimait le qualifier de fou. Un membre du Carlton aurait dit à un membre du Reform Club : « Je suis bien mieux loti que vous comme leader, mon chef n'est qu'un intrigant sans scrupules ; vous êtes un fou dangereux. L'histoire courait que Gladstone avait acheté tout le contenu d'un magasin de jouets et avait ordonné de les envoyer chez lui. Cela m'est venu une fois sous une forme si circonstancielle que j'ai demandé à Lady Russell si elle pensait que cela pouvait être vrai. Sa réponse fut : « Je commence à le penser, car je l'entends à chaque séance depuis dix ans. »

Il faut admettre que Gladstone était impulsif, et que cette impulsivité était la source non seulement de quolibets de la part de ses ennemis, mais parfois d'inquiétude de la part de ses amis. "Ce que je crains à Gladstone", a déclaré l'archevêque Tait, "c'est sa légèreté". Qu'il puisse facilement se dégager de ses responsabilités, je pense l'avoir moi-même constaté. Mais un homme sur lequel repose une si lourde responsabilité, s'il en ressentait tout le poids, en serait tué, et le manque de conscience ne peut pas être déduit de la légèreté du cœur.

Ce fut probablement, en fait, c'était à contre-courant que le grand ministre de la paix et de l'économie s'engagea dans la guerre de Crimée. Il semble avoir essayé de se persuader que le résultat serait, après tout, la mise sous contrôle de la Turquie. Plus substantielle était sa résolution, en tant que chancelier de l'Échiquier et détenteur de la bourse, de faire payer la guerre, autant que possible, par la génération qui a mené la guerre par des impôts, et non de faire peser le fardeau sur la postérité par des emprunts. M. Morley a raison de désigner Lord Stratford de Redcliffe , alors malheureusement ambassadeur à Constantinople, comme étant en grande partie responsable de la guerre. Outre sa haine de la Russie, l'ambassadeur avait une rancune personnelle contre le tsar. Mais Palmerston, intensément anti-russe, père du jingoïsme, et peut-être disposé à remplacer le pacifique Lord Aberdeen, conspirait avec lui ; et l'empereur des Français, qui voulait la gloire pour dorer son trône usurpé et une meilleure assise sociale dans le cercle des royautés, qu'il avait acquise en embrassant publiquement la reine britannique. Au milieu de la guerre, Gladstone fit sécession du ministère, reconstruit sous Palmerston après sa chute sous Lord Aberdeen ; non pas, je suppose, tant parce que Palmerston n'a pas réussi à s'opposer à la motion d'enquête de

Roebuck, contre laquelle il était inutile de lutter, mais plutôt parce qu'il était lui-même profondément las de la guerre. J'étais justement avec lui un matin pour affaires, à la fin duquel il commença à me parler, ou plutôt à lui-même, de la situation, disant, à sa manière homérique, que si les Troyens avaient rendu Hélène et ses trésors, sa phrase homérique pour les termes de Vienne, les Grecs auraient levé le siège de Troie. Je n'avais pas eu l'avantage d'être au quartier général grec ; mais je ne pouvais m'empêcher de voir dans quel état d'esprit le peuple britannique était et combien il était alors désespéré de lui parler de conditions de paix raisonnables. Si Gladstone, au lieu de s'enfuir au milieu de la guerre, avait rassemblé le courage, dont il possédait généralement une surabondance, pour s'y opposer dès le début, il aurait pu encourir l'opprobre sur le moment , mais il aurait découvert bientôt que, pour Pour reprendre la métaphore de Salisbury inversée, il avait mis son argent sur le bon cheval. A peine l'herbe avait-elle poussé sur les tombes des hauteurs de Sébastopol que tout le monde condamnait la guerre.

Après quelques tours de roue politique, nous trouvons Gladstone, chancelier de l'Échiquier sous Palmerston, faisant la fortune de ce gouvernement par ses budgets magistraux et ses splendides exposés à la Chambre. Si Palmerston était le père du chauvinisme, Gladstone en était l' ennemi juré . Des deux choses pour lesquelles le premier ministre disait vivre, l'extinction de l'esclavage et la défense militaire de l'Angleterre, Gladstone n'envisageait pas avec un zèle particulier la première et avec beaucoup de prudence la seconde. Palmerston était un libéral commercial et il voyait l'immense valeur d'un tel chancelier de l'Échiquier pour son gouvernement. Mais il aurait dit que, après son départ, Gladstone transformerait dans deux ans leur majorité de soixante-dix en une minorité et, dans quatre ans, il se retrouverait lui-même dans un asile d'aliénés. On savait qu'il voulait comme successeur à la direction, non pas Gladstone, mais Cornewall Lewis. La situation de cet érudit et homme d'État très respecté , dirigeant la Chambre avec Gladstone à ses côtés, aurait été très agréable !

Le gouvernement de Palmerston a porté un fruit distinctement gladstonien. Ce fruit était le traité commercial avec la France, négocié par l'intermédiaire de Cobden, qui partageait, avec Bright, l'aversion particulière de Palmerston. Cobden soupçonnait même que Palmerston n'aurait pas regretté si le traité avait échoué, et qu'il trahissait ses sentiments dans son attitude et son langage envers la France pendant que les négociations se poursuivaient. Rien dans le traité ne pouvait militer contre une politique rationnelle de libre-échange. Certains libéraux étaient enclins à s'y opposer, non pas parce qu'elle était incompatible avec le libre-échange, mais parce qu'elle nous rendait dans une certaine mesure complices d'une certaine prérogative de l'empereur des Français, qui utilisait son pouvoir de conclure des traités pour accomplir, sans l'autorité de sa législature, un changement dans le système fiscal de la France.

Les objections que certains pourraient peut-être opposer au système fiscal de Gladstone sont qu'il maintient, bien qu'il réduit, l'impôt sur le revenu, imposé à l'origine uniquement dans le but de consolider l'édifice fiscal alors qu'un grand changement était en train de se produire, avec la promesse que lorsque le changement devrait être effectué, l'impôt devrait cesser ; et qu'elle repose en grande partie sur la consommation de quelques articles importants. Supposons, par exemple, que le tabac devienne démodé, comme le prétendent certaines autorités sanitaires, il y aurait une grave lacune dans le budget.

Le grand maître des finances, lorsqu'il s'en occupait sur une grande échelle, était consciencieusement soucieux de l'intérêt public dans les moindres détails des dépenses. Il considérait l'argent public comme sacré et tout gaspillage, aussi insignifiant soit-il, comme criminel. Son biographe nous a donné des exemples amusants de sa parcimonie consciencieuse dans les petites choses. Dans un cas, cependant, sa parcimonie était déplacée. Il en voulait aux juges pour leurs salaires élevés. L'argent public ne peut pas être mieux dépensé qu'en faisant passer les meilleurs hommes du barreau à la magistrature. L'expédition des affaires assurée par leur commandement de leurs tribunaux en vaudrait à elle seule le prix, sans compter la sécurité de la justice.

Parmi les autres reliques du conservatisme de Gladstone, il y avait le fait qu'il s'accrochait à son siège au Parlement pour l'Université d'Oxford, dans lequel il était soutenu par une alliance plutôt étrange et précaire de hauts ecclésiastiques votant pour le haut ecclésiastique et de libéraux votant pour le libéral progressiste ; une combinaison dont la tension devint extrême lorsque Palmerston, dans le gouvernement duquel se trouvait Gladstone, fit de Shaftesbury, le chef laïc des évangéliques, son ministre des affaires ecclésiastiques, et lui permit de continuer à promouvoir les hommes de l'Église basse. Mais les conservateurs n'ont jamais commis une plus grande erreur que l'expulsion de Gladstone de son siège à Oxford. En l'envoyant d'Oxford à Liverpool, ils l'ont, pour reprendre sa propre expression, démuséné . Il est vrai, je crois, que le jour de son rejet, la Bible tomba des mains de la statue de Jacques IER sur la tour-porte du Bodleian, présage de la séparation de l'Église d'avec l'État. La pierre étant très friable, la chute n'était pas miraculeuse ; même si c'était curieusement approprié.

C'était cependant une erreur de dire que la dissolution de l'Église irlandaise avait été un enjeu lors des élections à Oxford. J'ai comparé mes notes sur ce point avec celles de mon ami Sir John Mowbray, qui avait été président du comité conservateur, et j'ai été d'accord avec moi pour dire que l'Église irlandaise n'était pas un problème. Gladstone a entrepris la dissolution de l'Irlande, qui figurait depuis longtemps dans le programme libéral , lorsqu'il avait été chassé du pouvoir par Disraeli sur la question de l'extension du suffrage. Il était ambitieux, heureusement pour le pays ; et il voulait retrouver les moyens de faire de grandes choses. Ses admirateurs ne doivent pas reculer devant cet aveu. Mais il était aussi sincèrement convaincu, comme il pouvait l'être et comme tous les libéraux, que l'Église d'État d'Irlande était l'institution la plus indéfendable au monde. Il a élaboré sa mesure, l'a exposée et l'a fait passer au Parlement, de sa manière magistrale habituelle ; et l'Église anglicane d'Irlande, croit-on, s'est depuis lors sentie mieux grâce à l'opération. Les amis de la Haute Église de Gladstone en Angleterre lui ont pardonné en soupirant. L'Église d'État d'Irlande était distincte de celle d'Angleterre, et était une Église basse et opposée à tout ce qui était catholique, depuis l'antagonisme local avec l'Église de Rome.

Avant sa jonction avec les libéraux, Gladstone avait désapprouvé l'ingérence du Parlement dans les collèges d'Oxford et de Cambridge, sous prétexte qu'il s'agissait de fondations privées dans lesquelles le Parlement n'avait pas le droit d'intervenir ; et lorsqu'il présenta son projet de loi sur la réforme d'Oxford , il dut accomplir l'un de ses exploits d'explication rétrospective. Mais , comme d'habitude, il a bien fait son travail, même s'il reste encore beaucoup à faire. Par sa législation, aussi cléricale que soient ses sympathies, les universités furent libérées du clerc , rouvertes à la science et réunies à la nation. Notre projet de loi d'Oxford a été gravement critiqué aux Communes, certains libéraux malavisés faisant le jeu de Disraeli, qui, bien sûr, voulait faire du mal. Lorsque le projet de loi, dans son état mutilé, fut soumis aux Lords, il apparut que le chef conservateur, Lord Derby, bien qu'il se sentait obligé de s'exprimer contre la mesure ministérielle, n'était pas vraiment prêt à la rejeter et que, par conséquent, il n'y avait pas eu de débat. un fouet à son côté. Il a ensuite été suggéré aux ministres responsables du projet de loi que les amendements des Communes pourraient être rejetés par les Lords, et que le projet de loi pourrait être renvoyé dans son état original aux Communes, où nos amis pourraient alors être mieux informés. et les bancs de l'opposition, comme c'était la fin de la session, pourraient être éclaircis. Russell, alors leader à la Chambre des Communes, a condamné cette suggestion, la qualifiant de très téméraire et susceptible d'entraîner la mort du projet de loi. Gladstone était malade d'une attaque, étrange à dire, de la varicelle . À son appel, le signal du combat fut immédiatement donné, comme j'en étais sûr ; et le résultat était exactement ce que nous souhaitions.

En relation avec cette législation traitant des collèges dotés d'Oxford et de Cambridge, on peut dire que le principe a été pratiquement adopté , bien que non formellement posé, selon lequel, après un intervalle de cinquante ans à compter de la mort d'un fondateur, la législature peut s'occuper librement de tous ses règlements, sauf l'objet principal de sa fondation. L'hypothèse selon laquelle la volonté des Fondateurs était à jamais inviolable, malgré le passage des âges et le changement total des circonstances, avait conduit, comme elle doit toujours conduire, à une perversion perpétuelle et à la défaite de l'objet principal de l'œuvre. Fondateurs eux-mêmes.

Celui qui, dans sa jeunesse, avait gagné la faveur des partisans conservateurs les plus bigots et avait accédé à la vie publique par son opposition rhétorique au projet de réforme de 1832, était destiné, dans sa maturité, à engendrer un projet de réforme à la pensée duquel les réformateurs de 1832 aurait frémi. Le projet de réforme de 1832 avait affranchi la classe moyenne, mais en abolissant le bourg de Scot-and-Lot, il avait privé la classe ouvrière du peu de représentation qu'elle possédait. De plus, la prépondérance législative des intérêts fonciers, que possédaient la Chambre des Lords et une grande partie des Communes, était trop grande pour le bien général. C'étaient les meilleures raisons pour une extension du suffrage, tandis que le parti whig et son chef Russell, peut-être, comme c'est l'habitude des partis, voyant leurs voiles battre contre le mât, souhaitaient soulever un peu de vent populaire. C'est en grande partie grâce à la rivalité des partis les uns contre les autres pour la popularité que le suffrage a été étendu . Russell s'était occupé depuis quelque temps de réformes et s'était orienté plus d'une fois dans cette direction, mais avait été adroitement mis de côté par Palmerston, qui, bien que libéral de profession et révolutionnaire ou affectant ce caractère dans les affaires étrangères, était dans son pays. politique conservateur dans l'âme, et a répondu aux affirmations générales du droit des hommes au suffrage en tant que « participants de notre chair et de notre sang » et présumés avoir droit à une place « dans le cadre de la constitution », avec l'aphorisme selon lequel « l'unique droit » de chaque homme, femme et enfant devait être bien gouverné. On ne peut pas dire que l'agitation réformiste, en tout cas au sud de Birmingham, ait été très forte. La grande extension apportée par Gladstone fut combattue, dans des discours très mémorables, par Robert Lowe, un grand aristocrate non pas de naissance mais d'esprit, qui prit la dernière position contre la démocratie et en faveur du gouvernement de l'esprit. Lui et sa section, surnommée par les membres réguliers du parti « la Caverne d' Adullam », ont aidé Disraeli à tuer le Bill. Disraeli présenta alors et fit adopter un projet de loi, non moins radical , auquel la noblesse conservatrice, sous le whip du parti, appelé par Disraeli « éducation », apporta un soutien lamentable ; tandis que Robert Lowe faisait appel à leur cohérence presque avec des larmes, mais en vain. Disraeli gagna ainsi la popularité de la mesure et se permit de dire que les Tories étaient les véritables amis des masses. Mais , à part cela, Disraeli regardait par la fenêtre, ce que les critiques de Gladstone, peut-être pas tout à fait sans fondement pour leurs quolibets, disaient que ce n'était pas le cas, et qu'il avait perçu et pris à cœur le fait important que beaucoup dans les masses ne s'en souciaient pas beaucoup.

pour le libéralisme ou le progrès, et qui serait apte, sous une direction habile, à voter conservateur.

Un sujet tel que la guerre de France prêtait un intérêt transcendant aux grands discours de Pitt et de Fox. Autrement, leurs meilleurs efforts ne sont pas supérieurs au discours de Gladstone en faveur de l'extension du suffrage, bien que le style de Gladstone soit différent du leur. Les discours de Gladstone ne sont pas de la littérature. Il a parlé sans notes, et aucun homme ne peut parler de littérature *ex tempore* . Il n'y a pas non plus de passages d'une brillance extraordinaire. Pour cela, il n'avait pas d'imagination. Mais les discours sont des exposés magistraux de la mesure et des arguments en sa faveur , toujours dignes, impressionnants et convaincants. Le langage est toujours bon et clair ; c'est merveilleux, compte tenu de l'absence de notes, bien qu'il soit quelque peu diffus, et ait peut-être un peu perdu de sa fraîcheur par une pratique excessive dans les clubs de débat lorsque l'orateur était jeune. La voix, les manières, l'attitude de l'orateur étaient suprêmes et remplissaient de ravissement même l'auditeur le plus hostile.

Les lectures multiples de Gladstone ne semblent pas avoir inclus une grande partie de l'histoire ou de la philosophie politique. Il n'a laissé dans ses écrits rien d'important en matière de science politique, et il ne semble même pas avoir formé une conception claire du système politique qu'il cherchait à produire. Son idée directrice, une fois qu'il s'était détaché de son torysme précoce, était la liberté dont il semblait penser qu'elle serait en elle-même la mère de tout ce qui était bon. Il avait peut-être tiré quelque chose de Russell, dont le principe directeur était que le peuple n'avait besoin que de responsabilité pour l'amener à agir avec sagesse et justesse. Il n'avait apparemment aucune idée d'un système de gouvernement autre que celui des partis, qu'il semblait traiter comme s'il avait été immémorial et universel, alors qu'il était né de la lutte pour un gouvernement constitutionnel contre les Stuarts. Même quant au fonctionnement de la Constitution britannique, ses opinions ne sont pas très claires. Il professait, et ressentait probablement, le plus grand respect pour les seigneurs ; cependant, lorsqu'ils jouèrent leur rôle constitutionnel en rejetant ses projets de loi qu'ils n'approuvaient pas, il les dénonça comme violateurs de la Constitution. Avait-il l'intention de confier le pouvoir suprême de manière absolue à une assemblée élue au suffrage masculin, ou presque ?

Pour la Couronne, le respect de Gladstone est allé au moins aussi loin que tous les partisans du fétichisme politique semblent convenir, ou cela nous semble parfaitement conforme à la dignité d'un homme aussi éminent et du véritable chef de l'État. Pourtant, il était entendu qu'il n'était pas un favori à la Cour, et il est assez évident que Sa Majesté ne saisit pas avec empressement l'occasion de l'appeler à former un gouvernement. Avec toutes ses vertus et grâces personnelles, elle était une véritable petite-fille de George III. , chérissant, comme on nous l'a dit , apparemment de la meilleure autorité, les idées de droit divin, et aimant se lier moins aux Hanovriens qu'aux Stuarts. Pour elle, le libéralisme progressiste ne pouvait guère lui plaire. De plus, c'était une femme et, dans un concours de flatterie, Gladstone n'aurait eu aucune chance avec son rival.

Il est plutôt surprenant d'apprendre de cette vie combien il y a d'ingérence de la part de l'irresponsabilité dans le gouvernement responsable du Royaume, et quels projets sont faits sur le temps et l'énergie de celui qui porte le fardeau d'Atlas sur ses épaules en les exigences de la correspondance avec la Cour. Une autre chose dont les amis du gouvernement personnel, qui ont travaillé si dur par l'apparat et le culte personnel pour stimuler le sentiment monarchique, pourraient bien prendre note, c'est l'emploi confidentiel des secrétaires de cour, comme Sir Herbert Taylor sous George IV. , dans les communications entre le Souverain et le Ministre. Ils découvriraient peut-être, une fois qu'ils auraient rétabli le pouvoir personnel, que celui-ci était réellement exercé, non pas par la royauté elle-même, mais par un ou plusieurs membres aspirants de la maisonnée.

La déclaration de Gladstone, à un moment critique de la guerre américaine, selon laquelle Jefferson Davis avait créé une nation, offensa profondément les amis du Nord, tant aux États-Unis qu'en Angleterre. Mais il l'a expié par un repentir franc et honorable . En tant qu'affirmation de fait, elle manquait de vérité dans la seule mesure où Davis, au lieu de faire du Sud une nation, l'avait trouvé déjà fait. Le schisme entre les États libres et les États esclavagistes était inévitable et la guerre était dès le départ une guerre entre nations. Que Gladstone ait souscrit à l'emprunt confédéré était faux, et il n'y a pas la moindre raison de croire qu'il était moins fidèle qu'aucun de ses collègues à la politique de stricte neutralité, aussi disposé qu'il ait été, comme les autres, à soumissionner. bons offices dans une lutte dans laquelle, en privant des millions d'artisans britanniques des matériaux de leur industrie, la Grande-Bretagne avait un intérêt manifeste et pressant. Il serait peut-être téméraire d'affirmer que le fils d'un propriétaire d'esclaves éprouvait la même profonde horreur de l'esclavage que Wilberforce, ou qu'un haut ecclésiastique égalait pleinement dans son zèle pour l'émancipation les évangéliques dont c'était l'héritage spécial. Mais les motivations profondes de Gladstone étaient certainement son respect pour le pain de l'artisan britannique et sa sympathie pour tous ceux qui luttaient pour être libres. Dans l'intention, probablement, de satisfaire les amis mortifiés du Nord en Angleterre, il m'a écrit pour suggérer que, si le Nord jugeait bon de laisser partir le Sud, il pourrait, avec le temps, être indemnisé par l'union du Canada avec le Nord. États . Comme la lettre, après examen, semblait peu susceptible d'avoir l'effet désiré, et qu'elle ne soit pas improbable qu'elle se révèle dans l'avenir embarrassante pour l'écrivain, on n'en fit aucun usage et elle fut détruite.

S'il avait été possible au fils d'un propriétaire jamaïcain d'être un ardent émancipateur et un ami chaleureux des nègres , Gladstone n'aurait guère pu manquer de montrer ses sentiments à l'occasion du massacre de la Jamaïque, de cette atroce effusion de haine blanche, de rage. , et panique sur la paysannerie noire de la Jamaïque. Cependant il avait pour lui le sentiment général des classes supérieures et du clergé.

Peel, en tant que premier ministre, avait été le maître du gouvernement et, en dernier ressort, le chef de tous les départements. Son habitude était d'entendre ce que tous les membres de son cabinet avaient à dire, puis de se décider. À son époque, il n'y avait pas de vote au sein du Cabinet ni aucune divulgation des délibérations du Cabinet. La divulgation des délibérations du Cabinet est, en fait, contraire au serment du Conseiller privé . Gladstone, semble-t-il, a mis les questions aux voix. Il a également permis à un membre du Cabinet de se lancer dans sa propre aventure politique et de proclamer une politique indépendante de celle de son chef et de ses collègues, comme le fait aujourd'hui encore le même homme politique. Le système ministériel lui-même sous la présidence de Gladstone commençait apparemment à céder. Il y a eu un début de changement qui a fait maintenant du Cabinet un organe peu maniable, se réunissant à de longs intervalles et presque publiquement, tandis que le pouvoir réel et la direction de la politique sont concentrés dans un conclave intérieur, quelque chose comme celui qui, sous le règne de Charles II. , s'appelait la Cabale.

Non seulement le système du Cabinet, mais aussi le système des partis, sur lequel reposait le système du Cabinet, avaient commencé à montrer des signes de désintégration. Le sectionnalisme s'était installé, ce qui était presque certain de se produire lorsque la spéculation politique serait devenue plus libre et qu'il n'y aurait plus de question déterminante, comme celle de la réforme parlementaire en 1832, pour maintenir la cohésion d'un parti. L'ambition personnelle devenait également agitée et difficile à contrôler. Plus d'une fois, le gouvernement Gladstone fut vaincu par l'abandon de ses propres partisans . La tâche d'un premier ministre n'était pas facile. Il faut en tenir compte lorsque l'on compare la mesure du succès de Gladstone à la tête du gouvernement avec celle de ses prédécesseurs, et avec la mesure de son propre succès en tant que chancelier de l'Échiquier, donnant vie et force au gouvernement par ses triomphes. en finance.

Je ne peux pas prétendre juger de la véracité des accusations de manque de connaissance des hommes et de tact personnel, souvent portées contre Gladstone en tant que premier ministre. Il ne manquait certainement pas d'affabilité sociale ni de charme. Il n'avait peut-être pas pratiqué les familiarités joviales de Palmerston ni eu d'équivalent du salon de Lady Palmerston. Mais l'absence de telles choses, ou le manque de ce qu'on appelle le magnétisme personnel, ne privera guère un grand chef, comme Pitt ou Peel, du dévouement des partisans, et encore moins de la confiance et de l'attachement du peuple.

Cependant, une fois qu'il fallait l'admettre, Gladstone, en tant que premier ministre, était de toute façon coupable d'une erreur de tactique qui ne pouvait manquer d'ébranler la confiance de son parti. Je retournais par hasard en Angleterre et j'étais à Manchester lorsque, comme un coup de tonnerre, sans préavis ni avertissement d'aucune sorte, nous survint la dissolution de 1874. Tous les libéraux virent aussitôt que c'était la ruine. Il semble que le leader lui-même ait envisagé la défaite, et qu'il ait presque compté sur elle. Qu'est-ce qui l'a poussé à cet acte désespéré ? Son chancelier et ami dévoué, Lord Selborne (Roundell Palmer), ne doutait pas qu'il s'agissait d'un dilemme juridique dans lequel il s'était lui-même impliqué, en prenant le poste de Chancelier de l'Échiquier en plus de la Première Seigneurie du Trésor sans se rendre auprès de ses électeurs. pour la réélection, une violation, il y avait lieu de craindre, de la loi. Selon le Chancelier, la seule issue à ce dilemme était la dissolution. M. Morley, à l'autorité duquel je devrais volontiers m'en remettre, repousse vigoureusement cette explication et souligne un autre motif, avancé par M. Gladstone. M. Gladstone était, bien sûr, sûr d'attribuer un autre motif, et tout aussi sûr de se persuader que c'était le vrai. Mais quel était cet autre motif ? C'était en effet que le gouvernement était malade et que les élections le sortiraient de sa misère, déclarant ainsi la situation. Mais M. Gladstone a-t-il négligé le fait qu'il priverait de leur siège un certain nombre de ses partisans ? Pourquoi l' accident vasculaire cérébral a-t-il été si soudain ? D'un autre côté, l'accusation de corruption des électeurs en promettant d'abroger l'impôt sur le revenu, M. Morley a parfaitement raison de la rejeter comme étant sans fondement. De telles attentes sont celles de tous les concurrents pour le pouvoir . Qu'est-ce que le jeu du parti sinon celui de surenchérir sur l'autre camp ?

Après cette défaite, Achille se retira en colère dans sa tente. Gladstone a insisté pour démissionner de la direction. Mais tout le monde prévoyait que son retour était inévitable ; et il était difficile de se fixer sur un homme suffisamment éminent pour prendre sa place, et pourtant pas trop éminent pour y renoncer lorsque le grand homme jugerait bon de revenir. Lord Hartington fut choisi parce que sa jeunesse relative rendrait la capitulation facile dans son cas, tandis que son rang élevé continuerait de soutenir sa position.

Chaque fois qu'il y avait un combat à mener pour le parti, que ce soit dans le débat parlementaire ou sur la souche, Gladstone était l'homme qu'il fallait. Sa campagne à Midlothian démontra ses pouvoirs d'orateur presque miraculeux, tout en suscitant l'enthousiasme du peuple pour l'homme en qui il pensait, à juste titre, qu'il voyait son ami le plus sincère et le plus puissant défenseur de ses intérêts. Trois discours en une journée et un discours que ce prodige de la nature pouvait prononcer, et les discours n'étaient pas ridicules et bavards , mais adressés à l'intelligence du peuple. Pourtant, on ne peut s'empêcher de regretter que le moignon ait été autant digne grâce à la pratique de Gladstone. C'est un grand mal. Sans parler de son effet sur les passions du public, il épuise l' homme d'État ; elle le prive, dans les intervalles du Parlement, de loisirs d'étude et de réflexion ; le pire, c'est qu'elle le pousse imprudemment à s'engager.

Dans le cas d'une intervention armée en Égypte, Gladstone semblait s'écarter de sa fidélité habituelle pour se tourner vers une politique de modération et de paix. Il y perdit Bright, dont il s'était rapproché à mesure qu'il progressait dans le libéralisme et qui avait été incité à prendre ses fonctions dans son gouvernement. Bright n'aurait rien à voir avec l'agrandissement ou la guerre, et en privé ses paroles étaient fortes, bien qu'en public il fasse preuve d'une patience chevaleresque envers ses amis. Étant donné que l'Égypte se trouvait sur la route de l'Inde et contrôlait le canal de Suez, il ne semble pas que l'illustre Quaker aurait eu beaucoup de raisons de critiquer Gladstone et son gouvernement, en ce qui concerne l'essentiel de leur politique. L'erreur fatale fut, en fin de compte, l'emploi de Gordon, un enthousiaste héroïque, dont personne ne pouvait vraiment prévoir l'action, qui pouvait peut-être à peine prévoir la sienne et qui n'était pas le meilleur agent à choisir pour mener à bien une politique. de retraite. Le fait que Gladstone se soit rendu à l'opéra après avoir reçu la nouvelle de la mort de Gordon, comme le disaient ses ennemis malveillants, a été nié . Mais , même s'il l'avait fait, aurait-il été implicite qu'il ait continué à se soulager du fardeau de labeur et d'anxiété qu'il portait ?

Dans le cas de la République du Transvaal, Gladstone a eu le courage moral, face à l'agitation provoquée par Majuba Hill, d'avouer qu'il reculait devant la « culpabilité du sang » et de maintenir la nation sur le chemin de l'honneur et de la justice. Son biographe, en traitant de cette affaire et de ses suites, a été évidemment retenu par son désir de ne pas multiplier les points de controverse. Autrement, il aurait pu considérablement renforcer sa preuve que la revendication de suzeraineté était une fraude. Si Gladstone avait vécu, cela n'aurait pas été le cas d'une violation de la foi promise à la nation.

Le dernier acte de cette vie merveilleuse et sa scène finale se rattachent à l'histoire de l'Irlande et ne sont guère d'une teinte plus brillante que le reste de cette triste histoire. L'histoire de l'affaire dont, à ce stade , l'art politique devait s'occuper, si elle était clairement appréhendée, n'a jamais, autant que je me souvienne, été exposée très clairement, ni par M. Gladstone ni par quiconque ayant pris part à l'affaire. discussion. Cromwell avait donné à l'Irlande, avec l'union, l'avantage indispensable du libre-échange avec la Grande-Bretagne. Les gouvernements successifs, moins sages et magnanimes, avaient laissé le protectionnisme britannique tuer les grandes industries irlandaises, le commerce du bétail et celui de la laine. Les gens étaient ainsi contraints, pour leur subsistance, entièrement à la culture du sol, dans une île dont la plus grande partie est trop humide pour un labour rentable et ne se prête qu'au pâturage. Puis vint le Code pénal, et à la misère économique s'ajouta la dégradation sociale totale. Le peuple était réduit à un état proche de la barbarie absolue, un état dans lequel il ne pouvait rien espérer d'autre que de la nourriture, tandis que même la nourriture, la perfide pomme de terre étant son aliment de base, échouait périodiquement. Dans de telles conditions, toutes les contraintes sociales et prudentielles à l'augmentation de la population ont été perdues, et les gens se sont multipliés avec une imprudence animale bien au-delà de la capacité de l'île de les entretenir. Luttant désespérément pour le sol dont ils dépendaient uniquement pour leur entretien, ils devinrent, dans le sens le plus misérable, des tenanciers à volonté, des serfs prédiaux du propriétaire , qui les exploitaient par l'intermédiaire de son intermédiaire, et parfois par une série d'intermédiaires formant une hiérarchie d'extorsion, tandis que ce que l'intermédiaire avait laissé était récupéré par le surveillant de la dîme. Toutes les améliorations du locataire ont été confisquées par le propriétaire du sol . Le seul remède à la surpopulation, hormis les effets néfastes de la famine et de la maladie, était l'émigration. Le remède au mal et aux griefs agraires, dans la mesure où il pouvait être atteint par la législation, était apparemment une mesure qui donnerait au fermier irlandais à volonté la même sécurité pour sa propriété que celle qui avait été donnée au détenteur anglais par la coutume et la faveur des tribunaux. Racheter le propriétaire irlandais n'était pas une mesure juste pour le peuple britannique, et c'était en soi une mesure dangereuse. L'abolition de la noblesse irlandaise par tous les moyens, si elle pouvait être évitée , était une erreur sociale. La paysannerie serait ainsi privée des chefs sociaux dont elle avait particulièrement besoin de l'influence, et on risquerait de livrer l'île au démagogue ou au curé.

L'aspect politique du problème, qui concerne les relations entre les deux îles, avait, lorsque M. Gladstone en vint à aborder la question, pris l'aspect d'une lutte pour le Home Rule. Il s'agissait là d'une version apparemment réduite et atténuée de la lutte pour l'abrogation de l'Union, qui avait été lancée par O'Connell et, passant de lui entre des mains plus violentes, était venue en 1848, sous Smith O'Brien. après une faible épidémie à une fin malheureuse. Le mouvement politique, hormis l'insurrection agraire, n'a jamais fait preuve d'une grande force. Ce n'était pas sur le changement politique que le cœur du peuple irlandais était tourné, mais sur la sécurité de ses possessions et sa délivrance de l'emprise de la famine. Mais le nouveau leader, Charles Stewart

Parnell, véritable homme d'État à sa manière, combina les deux objectifs, et le mouvement, entraînant le peuple avec lui, devint redoutable dans sa forme politique aussi bien que sous sa forme agraire.

Il y a eu, comme nous le savons, une immense émigration irlandaise vers les États-Unis. Ceci, tout en ayant quelque peu soulagé la pression de la population, avait, à un autre égard, grandement ajouté à la difficulté de l'affaire. Il avait donné naissance au fénianisme américain , avec son Clanna - Gael, une agitation entièrement politique, d'esprit sanguinaire, redoutable par l'influence du vote irlandais sur les politiciens américains, ayant son quartier général et son centre hors de portée de la répression britannique.

Gladstone n'était en Irlande que depuis trois semaines, et ensuite, dit M. Morley, il n'avait pas dépassé un cercle résolument anglais. Il n'y a, en tout cas, aucune trace qu'il ait étudié sur place le caractère des gens avec lesquels il avait affaire, les influences qui étaient à l'œuvre, les diverses forces, politiques, ecclésiastiques, sociales et économiques, qui ont contribué à l'évolution de la situation. jeu dont il allait délivrer l'île. S'il avait fait cela, il aurait peut-être compris pourquoi les libéraux irlandais, comme Lord O'Hagan et Sir Alexander Macdonald, alors qu'ils étaient des patriotes irlandais dans l'âme, et parce qu'ils étaient des patriotes irlandais dans l'âme, reculaient avec horreur devant le dissolution de l'Union législative. Il aurait pu voir la futilité probable de toute clause d'un Home Rule Act interdisant la préférence pour une religion particulière, et la facilité avec laquelle elle aurait pu être pratiquement annulée par la hiérarchie et le sacerdoce catholiques romains, exerçant l' influence qu'ils possédaient sur le peuple. et sur les élections populaires. Il aurait également pu se rendre compte plus clairement du danger que présentaient les relations de l'Ulster protestant et saxon avec la partie celtique et catholique de l'Irlande, lorsqu'ils se sont affrontés dans une arène séparée et que leur conflit était incontrôlé.

M. Gladstone entreprit de traiter le grief agraire au moyen d'une législation foncière, en achetant pour le peuple, ou en lui donnant les moyens d'acheter, la pleine propriété de ses lots. L'opération, comme on l'a dit, était périlleuse, car elle impliquait un traitement exceptionnel des contrats, ainsi qu'un emploi inhabituel de l'argent public ; et ce faisant, cela exposa M. Gladstone à des accusations colériques, non seulement de législation violente, mais aussi de tromperie, auxquelles un changement de position aurait pu donner de la couleur . Un simple acte du type suggéré ci-dessus, s'il avait été réalisable, aurait pu résoudre le problème avec moins de choc pour le caractère sacré des contrats et moins de perturbations de quelque nature que ce soit.

M. Gladstone s'était opposé vigoureusement et avec véhémence à la partie politique du mouvement Parnell. Il a dénoncé la politique de Parnell qui menait, par la rapine, au démembrement. Il appliqua vigoureusement la coercition à l'indignation irlandaise, emprisonna un certain nombre de Parnellites comme suspects et proclama lui-même l'arrestation de Parnell devant une multitude applaudissante à Guild Hall. Il a permis à son collègue de se lever nuit après nuit à ses côtés et de dénoncer le mouvement Home Rule dans un langage encore plus fort que le sien. Mais , après avoir été battu aux élections de 1885 par les forces combinées des conservateurs et des Parnellites, il se retourna soudain, à la stupéfaction de tout le monde et à la consternation générale de son parti, se déclara en faveur du Home Rule et s'unit à Parnell. , avec l'aide duquel il évince le gouvernement conservateur de Lord Salisbury et se réinstalle au pouvoir. Il n'est pas nécessaire de l'accuser d' être animé par l'amour du pouvoir, ni de dire que sa conversion n'a pas été sincère. Il lui appartient de garder à l'esprit que les dirigeants conservateurs, dans ce qu'on a appelé le débat Maamtrasma , avaient incontestablement coquetté avec le parnellisme, l'un d'eux, Sir Michael Hicks Beach, courtisant les faveurs du Parnellite en censurant Lord Spencer ; et que par cette conduite de leur part l'aspect de la question avait subi un certain changement. D'un autre côté, il ne faut pas oublier que la position de Gladstone était celle d'un chef de l'opposition, désireux de rétablir son parti au pouvoir et considérant que cela ne pouvait se faire qu'avec l'aide du vote irlandais . Nous ne pouvons pas non plus facilement nous résoudre à accepter le récit de sa conversion progressive au Home Rule présenté dans son *Histoire d'une idée* . S'il sentait que son esprit bougeait sur le sujet, comment aurait-il pu juger juste non seulement de masquer ses propres appréhensions par des dénonciations véhémentes du Home Rule, mais aussi de diriger son parti et la nation sur ce qu'il avait commencé à penser pourrait s'avérer être la mauvaise ligne ? Son honnêteté, je le répète, ne doit pas être remise en question . Mais ni sa cohérence ni la parfaite unicité de son motif ne peuvent être très facilement maintenues. C'était un chef de parti; un fervent partisan du système des partis ; et son parti voulait l'emporter sur son rival. Ce n'est que par la lutte pour le pouvoir qu'un gouvernement de parti peut être maintenu .

Gladstone proposait en effet de rompre l'Union législative en dotant l'Irlande d'un Parlement qui lui serait propre. Ce Parlement, il l'a qualifié de « statutaire ». Des restrictions devaient lui être imposées qui auraient fait de ses relations avec le Parlement britannique une relation de vassalité, et contre lesquelles il aurait presque certainement entamé, dès sa naissance, une lutte pour l'égalité et l'indépendance. Si elle avait été déconcertée dans cette lutte, elle aurait même pu tendre la main pour aider les ennemis étrangers de la Grande-Bretagne. L'auteur de la mesure n'avait apparemment pas clairement décidé s'il inclurait les Irlandais au Parlement de Grande-Bretagne ou s'il les en exclurait. Qu'il se soit précipité dans une législation aussi importante, une législation qui touche à l'existence même du Royaume-Uni, sans avoir complètement pris une décision sur le point vital, est sûrement une preuve que, aussi grand qu'il fût dans le domaine financier, aussi puissant qu'il fût dans le domaine Aussi puissant qu'il fût dans l'élaboration et la mise en œuvre de mesures de réforme, lorsque, comme dans le cas du désétablissement irlandais ou des universités, un cas clair était mis entre ses mains, il n'était guère l'un de ces hommes d'État au pied sûr à qui on peut en toute sécurité s'adresser. a confié les destinées suprêmes d'une nation.

Si, après le règlement équitable de la question agraire et la réduction de la population au nombre que l'île peut maintenir, l'inimitié politique engendrée par la longue lutte persiste et que le contingent irlandais reste, comme il l'est depuis de nombreuses années, élément étranger et rebelle au sein du Parlement britannique, perturbant et distrayant les conseils britanniques, il peut y avoir une raison suffisante pour laisser partir l'Irlande. Ce serait une folie de la garder comme une simple épine dans le pied de la Grande-Bretagne. Ce serait plus que folie de tenter de la maintenir en esclavage. Il n'est pas improbable qu'après une épreuve d'indépendance, elle puisse revenir d'elle-même dans l'Union. Mais tous les hommes d'État avisés se sont unis pour dire qu'il faut une union législative ou une indépendance. Deux parlements, deux nations. [1]

L'annonce du projet de Gladstone a été suivie d'une terrible introspection au sein de son parti, qui s'est soldée par une scission. Lord Hartington assuma la direction des unionistes-libéraux et fit preuve d'énergie et de capacité de frappe dans son nouveau parti. Le coup fatal fut l'opposition déclarée de Bright, le grand pilier de la droiture politique et l'avocat de toujours de la justice en Irlande.

L'opposition la plus ferme et celle qui a le plus contribué à sauver l'intégrité du Royaume-Uni a été formulée , comme je le soutiendrai toujours, par *le Times* . L'erreur dans laquelle elle tomba à propos des lettres Parnell était peu de chose comparée au service mémorable qu'elle rendait dans son ensemble à la cause unioniste.

Lorsque la lutte commença, la pugnacité de Gladstone dépassa toutes les limites. Il a fait appel au sentiment séparatiste en Écosse et au Pays de Galles, ainsi qu'en Irlande. Il en appela aux « masses » contre les « classes ». Il en appelle à l'ignorance contre l'intelligence et les professions. L'un des plus éminents de ses amis et admirateurs de toujours, qui avait occupé de hautes fonctions au sein de son gouvernement, m'a dit dans une lettre : « Gladstone est moralement fou. » Il avait perdu les influences personnelles qui contrôlaient ses impulsions . Graham, Newcastle, Sidney Herbert, Cardwell étaient tous partis. Cardwell en particulier, un homme éminemment sûr de lui et calme, avait, je suppose, pendant sa vie, fait preuve d'une retenue importante et salutaire, quoique insensible.

Emporté par son enthousiasme, Gladstone a présenté les auteurs de l'Union et leur ouvrage, un ouvrage qu'il avait autrefois associé au traité de commerce avec la France, comme étant suprêmement honorables pour Pitt. "Une histoire horrible et honteuse, car aucune épithète plus faible que celles-ci ne peut, le moins du monde, décrire ou indiquer, même si vaguement, les moyens par lesquels, au mépris du sentiment national de l'Irlande, le consentement à l'Union a été obtenu." Tel est son langage, et il compare cette transaction atroce aux pires crimes de l'histoire. Le consentement à l'Union a été obtenu par la nécessité absolue, évidente pour les hommes sensés, de mettre fin à l'anarchie meurtrière et d'éviter une reprise de 1998. Il a été clairement démontré qu'il n'y a pas eu de corruption grave de nature pécuniaire. Les indemnités des propriétaires de bourgs de poche étaient versées , selon les idées du temps et en vertu d'une loi du Parlement, aussi bien à ceux qui avaient voté pour l'Union qu'à ceux qui avaient voté contre. L'oligarchie dont la mesure mettait fin au règne local fut apaisée par des pairies et des nominations, dont la ruée pourrait bien dégoûter un homme de noblesse comme Cornwallis. C'était probablement inévitable à l'époque. Il était impossible d'obtenir de manière satisfaisante le consentement national. Le Parlement était une oligarchie protestante, les catholiques étant encore exclus , et il était profondément entaché par les atrocités de la répression. L'Irlande, en fait, n'était pas une nation, ni capable de donner un consentement national ; c'était un pays divisé entre deux races antagonistes sur le plan religieux et en inimitié mortelle l'une envers l'autre. Soumettre la question aux circonscriptions par la tenue d'élections générales, les cinq sixièmes de la population étant exclus du Parlement, aurait été inutile et aurait très probablement ravivé la guerre civile. Pitt, il est vrai, offrait aux catholiques l'espoir d'une émancipation politique. Cet espoir, il fit de son mieux pour le réaliser, mais il en fut empêché par l'obstination stupide du roi ; et M. Gladstone, qui était un fervent monarchiste, aurait pu être mis au défi de dire ce que, confronté au veto royal, Pitt aurait pu faire. La promesse est restée en suspens pendant une génération, à la fin de laquelle elle s'est réalisée . Ces appels amers à la haine des Irlandais contre l'Union et à la conviction qu'il s'agissait d'un tort mortel et inexpiable, ne venaient pas bien de la part de l'auteur d'une mesure destinée, comme il le prétendait, à arracher l'épine du cœur irlandais.

Le projet de loi a été rejeté à la Chambre des communes par une majorité de trente voix ; et, suite à un appel au pays, les libéraux-unionistes s'unissant aux conservateurs sur la question spéciale, l'opposition l'emporta par plus d'une centaine. Six ans plus tard, par un nouveau tour de roue, le gouvernement de Salisbury perdant de sa force, Gladstone se retrouva à nouveau à la tête du gouvernement, mais avec une faible majorité composée en grande partie du vote irlandais. Puis vint la catastrophe de Parnell, qui, au moment critique, fut reconnu coupable de *crime. escroquer.* Il est impossible de lire le récit de M.

Morley sur la scène de distraction qui s'ensuivit, la morale matrimoniale aux prises avec les commodités politiques et la douloureuse décision qui a conduit à ce *crime. escroquer.* serait une chose délicate à porter face à la conscience non-conformiste, sans ressentir la présence d'un élément comique dans le récit.

Le Home Rule, cependant, fut de nouveau soumis au vote, et sous sa forme la plus étrange, l'Irlande se voyant attribuer son propre Parlement et, en même temps, une représentation au Parlement britannique avec une pleine liberté de vote sur toutes les questions britanniques. Personne ne pouvait manquer de prévoir que la délégation irlandaise troquerait son vote auprès des partis britanniques contre des objectifs irlandais, et notamment contre l'assouplissement des restrictions sur son pouvoir plénier. Une proposition plus extraordinaire n'a sûrement jamais été faite à aucune législature. La seule recommandation du Home Rule était de débarrasser le Parlement britannique d'un élément étranger et hostile. Cet élément que le projet de loi de Gladstone aurait conservé sous sa pire forme. Le projet de loi, cependant, fut adopté aux Communes par une majorité de trente-quatre voix, certains des membres anglais donnant probablement un vote de parti, assurant que le projet de loi serait rejeté par la Chambre des Lords.

L'utilisation de la clôture pour imposer à la Chambre des communes une mesure telle que le Home Rule ne pouvait certainement pas être défendue . La clôture par laquelle notre gouvernement autoritaire est capable de museler la Chambre des communes, même sur la question la plus vitale, reste une marque de l'impétuosité de Gladstone et de son incapacité à supporter l'opposition alors qu'un objet qui lui semblait de première importance était en vue.

Après avoir tenté de soulever une tempête contre les Lords, Gladstone démissionna, comme cela a été rapporté, en raison d'un différend avec l'Amirauté concernant les dépenses navales. L'une des carrières les plus mémorables de l'histoire anglaise a pris fin . Le parti dirigé par Gladstone fut complètement brisé, et brisé il le reste encore. Palmerston, s'il avait vu la scène, aurait pu dire que sa prophétie cynique s'était réellement réalisée.

Gladstone, en plus de son immense œuvre publique, était un auteur volumineux ; d'autant plus volumineux que son style, formé de discours publics et *ex tempore* , bien que parfaitement clair et correct, était certainement diffus. Son biographe fait preuve de jugement en s'attardant seulement sur ce qu'il peut aider sur cette partie du sujet. Les lecteurs des *Études homériques* et *de Juventus Mundi* doivent se demander comment de telles choses ont pu être écrites et communiquées à la presse par un si grand homme. Des choses plus étranges sont rarement sorties d'une plume que les pages de l' Élément traditionnel de la théo-mythologie homérique, reliant Latone à la Vierge,

Apollon au Libérateur de l'humanité et Ate au Tentateur. Tous ces volumes regorgent de spéculations fantastiques et sans fondement. L'idée qu'il y eut une époque égyptienne dans les débuts de l'histoire de la Grèce semble être en partie suggérée par une similitude accidentelle entre le nom d'un Égyptien et celui d'une ville béotienne . Ce n'est pas sur de tels raisonnements que se sont fondés les fameux budgets.

J'étais un jour avec Gladstone, quand, nos affaires étant terminées, il commença à parler d'Homère et me fit part d'une théorie qu'il venait de tisser à partir de quelque découverte philologique imaginaire. J'étais sûr que cette théorie était sans fondement et j'ai essayé de le convaincre que c'était le cas. Mais il n'a jamais été très ouvert à la discussion. Juste au moment où j'avais succombé, la porte s'est ouverte et son beau-frère, Lord Lyttelton , est entré. Lord Lyttelton était un érudit classique de premier ordre, et j'étais sûr qu'il comprendrait bien la question et l'emporterait. Voyez bien la question, il l'a fait ; il ne l'a pas fait ; et la découverte a probablement pris place à côté de celle de l' Élément Traditionnel .

Avant la publication de *Juventus Mundi* , je pense que c'était le cas , il y avait un dîner homérique auquel, avec Cornewall Lewis, Milman et quelques autres savants, j'ai eu l' honneur d'être présent. Ce furent des retrouvailles très agréables. Personne ne pourrait être plus charmant socialement que notre hôte. Mais je doute que le résultat critique ait été excellent.

Gladstone avait en partie repoussé son establishmentarianisme, mais son orthodoxie et sa croyance dans l'inspiration de la Bible restaient intactes. Cela prive ses écrits théologiques d'une valeur sérieuse, même s'ils ont toujours un intérêt en tant qu'œuvre d'un esprit à la fois puissant et intensément religieux, traitant de sujets de la plus haute préoccupation. Il n'est pas difficile de répondre à l'objection philosophique de Hume aux miracles, qui semble n'être rien de plus qu'une hypothèse de l'impossibilité absolue d'avoir une quantité suffisante de preuves. Si la mort d'un homme et son rétablissement à la vie étaient constatés et certifiés par un grand nombre d'hommes de science, dans des circonstances telles qu'ils excluent la possibilité d'une imposture, nous ne devrions pas retenir notre croyance, aussi contraire que puisse être l'événement. cours ordinaire de la nature. Mais nous ne pouvons rien croire de contraire au cours ordinaire de la nature sur le témoignage d'un évangile anonyme, d'auteur incertain, de date incertaine, produit d'une époque non critique, contenant des éléments apparemment mythiques et écrit dans l'intérêt d'une religion particulière. Gladstone, de par sa foi dans la Bible, ne peut pas examiner l'authenticité et la suffisance des preuves. Ainsi, dans son travail critique sur Butler, il est empêché d'une discussion libre et fructueuse par l'hypothèse, qu'il porte toujours avec lui, de l'authenticité de la Révélation. Sa foi dans l'inspiration de la Bible semble aller jusqu'à inclure la croyance en la longévité des patriarches avant le déluge. [2]

En s'aventurant à rompre la lance avec Huxley sur la véracité du récit de la création dans la Genèse, il ne pouvait manquer d'être renversé. Ses excuses semblent se résumer à ceci ; que le Créateur, en racontant le récit de la création à Moïse, était si proche de la vérité que le récit pouvait, grâce à une interprétation très ingénieuse, être rendu non totalement inconciliable avec les faits scientifiques. Gladstone continuait à vénérer grandement Newman et se laissait apparemment influencer dans son raisonnement par la *Grammar of Assent* , sorte de *vade-mecum* d'auto-illusion, sens caractéristique de l'esprit très subtil mais peu masculin et très flexible du cardinal.

Pour moi, la vie de Gladstone est particulièrement intéressante en tant qu'homme qui était un défenseur intrépide et puissant de l'humanité et de la droiture à une époque où la foi dans les deux s'affaiblissait et où le jingoïsme, avec sa soif de guerre et de rapine, prenait possession. du monde. L'homme qui, brisant les contraintes de la pruderie diplomatique, plaida devant l'Europe avec une éloquence dominante la cause de l'Italie opprimée ; qui a osé, après Majuba Hill, face à l'enthousiasme du public, maintenir le chemin de la justice et de l'honneur dans ses relations avec le Transvaal ; dont la dénonciation des atrocités bulgares fit trembler l'Assassin turc sur son trône d'iniquité ; qui, s'il avait vécu si longtemps, aurait sûrement lutté pour sauver l' honneur du pays en dénonçant la conspiration contre la liberté des républiques sud-africaines ; qui, s'il était vivant aujourd'hui, protesterait, non en vain, contre l'indifférence de l'Angleterre quant à sa responsabilité dans les horreurs turques ; a une emprise plus particulière sur ma vénération et ma gratitude que l'homme d'État dont les réalisations et les mérites, si grands soient-ils, ne m'ont jamais semblé aussi grands qu'ils le paraissent dans le tableau admirablement exécuté de M. Morley. Non pas que je sous-estime le sens politique de Gladstone ou ses fruits. De merveilleuses améliorations dans les finances, de grandes réformes administratives, l'ouverture de la fonction publique, de la Caisse d'épargne postale, l'affranchissement de la presse écrite de la taxe sur le papier, la suppression des achats dans l'armée, la réforme des universités suivie de celle de la les écoles dotées, la dissolution de l'Église irlandaise et le traité commercial avec la France constituent une puissante moisson de bon travail ; même si nous laissons le réaménagement de la franchise sujet à caution et reportons le Home Rule du mauvais côté du compte. Le contraste, à cet égard, est très frappant entre la carrière de Gladstone et celle de son principal rival, qui ne s'intéressait guère au perfectionnement pratique et presque entièrement au jeu du parti et à la lutte pour le pouvoir. De plus, Gladstone a rempli la nation d'un esprit d'enthousiasme commun et d'effort plein d'espoir pour le bien général, en particulier pour le bien des masses, auquel rien ne correspondait de la part de son rival pour le pouvoir, dont le grand jeu était de mettre deux classes, la plus élevée et la plus basse, contre la troisième. Gladstone était, dans le meilleur sens du terme, un homme du peuple ; et le cœur du peuple manquait rarement de répondre à son appel. En tant qu'incarnation de certaines grandes qualités, notamment de loyauté envers la justice, il n'a laissé aucun égal derrière lui, et profondément, en cette heure d' épreuve, nous ressentons sa perte.

NOTES DE BAS DE PAGE

[1] Je pensais qu'une session occasionnelle, ou même une session unique, du Parlement uni à Dublin, pour le règlement spécial des affaires irlandaises, le caractère irlandais étant ce qu'il est, pourrait avoir un bon effet sur le cœur irlandais. Cela pourrait mettre fin au sentiment qui prévaut actuellement, selon lequel le Parlement uni est étranger à l'Irlande et presque une puissance étrangère. La suggestion a été étudiée , mais les inconvénients ont été jugés trop importants. Pourtant, les inconvénients auraient été moindres si la mesure avait pu répondre à son objectif. Une solution plus réalisable pourrait consister à permettre aux membres irlandais de se réunir au College Green et de légiférer sur des questions purement irlandaises, sous réserve de l'autorisation ou du désaveu final du Parlement impérial, dans lequel les membres irlandais siégeraient toujours.

[2] « L'immense longévité des premières générations de l'humanité a été éminemment favorable à la préservation des traditions primitives. Chaque individu, au lieu d'être, comme aujourd'hui, témoin ou agent d'une ou deux transmissions de père en fils, en observerait ou en partagerait dix fois plus. Selon la chronologie hébraïque, Lémec , le père de Noé, était majeur avant la mort d'Adam ; et Abraham était majeur avant la mort de Noé. Les témoins originaux ou précoces, restant aussi longtemps que les normes d'appel, freineraient évidemment la rapidité du processus d'obscurcissement et de destruction. » — *Études sur Homère et l'âge homérique* , II. 4 , 5.